Pathy Royal SITUAZOLA

L'Église face aux enjeux électoraux

Pathy Royal SITUAZOLA

L'Église face aux enjeux électoraux

Quelle position prendre ?

Éditions Croix du Salut

Cover image: www.ingimage.com

Publisher:
Éditions Croix du Salut
is a trademark of
Dodo Books Indian Ocean Ltd. and OmniScriptum S.R.L publishing group

120 High Road, East Finchley, London, N2 9ED, United Kingdom
Str. Armeneasca 28/1, office 1, Chisinau MD-2012, Republic of Moldova, Europe
Printed at: see last page
ISBN: 978-620-3-84640-9

L'EGLISE FACE AUX ENJEUX ELECTORAUX

Situazola Makanga Pathy Royal

DEDICACE

Je dédie ce travail

A l'Eternel Dieu des Armées qui m'a mis à part pour l'œuvre à laquelle je suis appelé.

A une autre moi-même, Becky Royale, ma chère épouse et compagne d'œuvre, celle qui ne cesse de m'encourager dans le ministère.

Aux fruits de mes entrailles, mes très chers enfants Rethys Sotéria, Roane Live, Raynell Peace et à Sublime Royal.

Et surtout à mes parents spirituels, le couple Apostolique Viviane et Roland Dalo, le fer qui aiguise le fer.

CHAPITRE I : INTRODUCTION

A travers le monde, les élections constituent toujours un grand événement dans les pays où elles sont organisées. Toute les couches de populations, peu importe leur appartenance religieuse, leur statut social et leur niveau d'étude se mobilisent pour élire leurs prochains dirigeants. Toutes les structures du pays se préparent d'une manière ou d'une autre par rapport à ces évènements. De son côté, l'Eglise, étant dans le monde sans être du monde, a aussi sa part de responsabilité et son rôle à jouer sans afficher une quelconque couleur politique.

Bien que cela n'est pas souvent le cas dans certaines dénominations religieuses sous d'autres cieux. Les dirigeants chrétiens, des messagers de paix, qui sont aussi des leaders d'opinions, vu qu'ils sont écoutés surtout par leurs fidèles faisant partie de la population, sont appelés à accompagner les électeurs et l'Etat dans le processus électoral, surtout dans les pays où les élections sont souvent caractérisées par des troubles et des contestations. Dans son livre intitulé "Le Chrétien et l'Engagement Politique", K.A.M. Alou affirme ceci à propos de la perception de l'église par le monde :

Le monde politique en ce temps modernes, il est indéniable, reconnait et admet que l'Eglise est une entité à part, apolitique et garante des valeurs éthiques et spirituelles. Bien qu'elle soit dans le monde, elle n'est pas du monde. Sa mission est d'établir la justice, la paix et l'amour de Dieu parmi les hommes et d'amener ces derniers à s'aimer les uns les autres comme ils s'aiment eux-mêmes.[1]

Et cette façon de voir l'église se justifie par le fait que généralement dans le monde et particulièrement dans la plupart des pays africains qui se battent pour consolider la démocratique, les hommes religieux sont souvent placés à la tête des entités travaillant pour la négociation nationale, la concertation politique, les dialogues entre les partis au pouvoir et l'opposition politique. K.A.M. Alou attire encore notre attention sur le fait qu'un pouvoir sans opposition, sans contre-pouvoir, sans résistance, c'est la porte ouverte à des abus, à l'arbitrage, à l'injustice sociale. Il produit en l'espace de quelques années, l'enrichissement illicite avec

[1]K.A.M. Alou, *Le Chrétien et l'Engagement Politique* (Lomé, Togo : Editions HAHO), 35.

tous ces corollaires : corruption, oppression ou violation des droits de l'homme, dépravation des mœurs.[2]

C'est ainsi que l'église, étant une structure neutre et pacifique, est sollicitée de temps en temps pour garantir la résolution des différends dans la paix. De même dans plusieurs africains, l'église a toujours accompagné l'Etat lors de grands événements, qui une fois mal gérée, peuvent survolter la population et allumer le feu.

Chaque fois que les élections s'annoncent dans un pays, l'actualité nationale reste dominée en grande partie par les enjeux de ces élections. Les journaux télévisés, la presse écrite, les sites informatifs, les magazines, … tournent tous autours des élections. Alors, sous cette atmosphère électorale, il se crée un lot de préoccupations traduit sous forme des questions pertinentes qui se posent dans la société et dans certains milieux chrétiens.

Ainsi la curiosité avait envahi nos esprits, et nous avons cherché à savoir ce que doit être l'attitude des fidèles par rapport aux élections, quelle est la responsabilité des leaders chrétiens face à ces enjeux, quelles sont les limites

---

[2]Ibid., 46.

et la position de l'église vis-à-vis des élections, qu'est-ce que l'Etat attend de l'église ?

L'histoire, qui s'écrit sous nos yeux, nous confirme que les hommes d'église ont toujours bénéficié d'un certain crédit de la part de l'administration publique dans la gestion de la cité. Ne serait-il pas sage pour l'église en général de savoir déjà quelle orientation à suivre chaque fois qu'il y des élections ? Quel rôle s'attribuer lors de différentes échéances électorales ? Les élections s'annoncent toujours en grande pompe dans plusieurs pays. Chaque fois à la veille des élections, la population est invitée à s'enrôler massivement. Toute la société se prépare aux échéances électorales, chacune en ce qui la concerne. Alors qu'en serait-il de l'église ? Devrait-elle croiser les bras et s'enfermer dans la chambre haute en attendant le retour promis de Christ ?

Nous pourrons dire que l'Eglise, en tant qu'un organisme et une organisation, a un rôle à jouer dans les enjeux électoraux. Il y a une attitude qu'elle doit observer avant, pendant et après les élections. Les leaders chrétiens, sans afficher leurs préférences ou leurs penchants, ont des consignes à donner à leurs fidèles, qui sont aussi des électeurs, voire même des candidats aux élections. Ainsi nous proposons à l'église quelques lignes des conduites bien définies en rapport avec le rôle qu'elle doit jouer face aux enjeux électoraux. A cet effet, l'église est invitée à veiller au respect des limites prescrites par sa vocation, et de ne jamais aller au-delà des bornes inacceptables par l'éthique biblique.

En nous inspirant de la décision catégorique de Jésus-Christ qui chassa tous ceux qui vendaient et qui achetaient dans le temple, renversa les tables des changeurs, et les sièges des vendeurs de pigeons (Mt 21 :12) ; Dans notre recherche également, nous avons pris des mesures pour recadrer les candidats mal intentionnés qui s'infiltrent dans les églises pour acheter les voix électorales. Jésus-Christ lui-même, le bâtisseur de l'église, a déclaré que sa maison sera appelée une maison de prière, non une caverne de voleurs (Mt. 21 : 13). Ainsi nous avons tenu à ce que l'église ne devienne nullement une caverne de politiciens-voleurs des valeurs ecclésiastiques.

A l'endroit des hommes de Dieu, nous présentons les moyens et les stratégies pour contrer avec amour la dissimulation politicienne, et la bouter sagement hors de l'église. Nous avons procédé de manière à avoir toujours avec nous dans l'unité de la foi en Christ nos bien aimés candidats aux élections ; sans leur donner la moindre issue d'insérer leurs idéologiques politiques dans la vie de l'église. Cela dans le but d'éviter, dans la mesure du possible, d'être une occasion de chute pour nos bien aimés candidats aux élections. Tout cela fait partie des dispositions prises pour protéger l'image sacrée de l'église vis-à-vis des sollicitations rusées des candidats véreux qui osent rechercher des voix au sein même de l'église.

Vu l'indifférence affichée par certaines églises lors des différentes échéances électorales ; Il nous a paru impérieux de focaliser notre recherche sur l'attitude que doit avoir l'église face aux enjeux électoraux. Car les enjeux électoraux constituent un défi à relever pour la société dans laquelle notre église est implantée. Et l'église a la responsabilité d'accompagner les chrétiens électeurs dans leurs prises de décision électorale tout en restant apolitique et attachée aux principes bibliques. Les chrétiens ont droit et le devoir de voter librement comme tout citoyen de la nation. Et l'église doit les aider à le faire avec une conscience pure et sans fraude pour le maintien de la paix sociale. N'oublions surtout pas ce que dit le passage des Proverbes 14 : 34 : « la justice élève une nation. »

L'objectif de la recherche

Nous mettons à la disposition des chrétiens en général quelques notions indispensables pouvant les amener à une prise de décision juste et responsable. Nous cherchons à stimuler les dirigeants chrétiens, en tant que des leaders d'opinions, à jouer le rôle qu'il faut dans les processus électoraux. Car l'Éternel préfère la pratique de la justice et de l'équité (Prov. 21 : 3). Nous relevons les grandes perspectives électorales et les dangers qui peuvent en découler si jamais nous mettons en avant plans les sentiments tribaux ou ethnique au mépris des valeurs chrétiennes.

Définition des termes

Pour simplifier la compréhension de cette recherche, voici l'explication des concepts clés et certaines expressions que nous avons retenus lors de la rédaction du présent travail.

L'élection

Le terme « Élection » provient du verbe latin « eligere » (choisir) et du substantif « electio » (choix). L'élection est la désignation, par le vote d'électeurs, de représentants (une personne, un groupe, un parti politique ou une option) destinés à les représenter ou occuper une fonction en leur nom.

La campagne électorale

Elle désigne cette opération par laquelle les différents candidats présentent leurs programmes d'action afin de recueillir le plus grand nombre de voix et remporter le scrutin.

Les enjeux électoraux

Par « Enjeu », nous voyons ce que l'on peut gagner ou perdre dans une opération ou dans un jeu. Alors, en parlant des « enjeux électoraux », l'allusion est faite à ce que l'on peut gagner ou perdre dans une organisation des élections.

Les échéances électorales

L'échéance indique la date à laquelle une opération doit être réalisée ou cette opération elle-même. Alors les échéances électorales renvoient à la date à laquelle est exigible l'organisation des élections, ou c'est le délai entre la date d'un engagement de la tenue des élections et son organisation réelle. Autrement dit, c'est le moment où les élections doivent avoir lieu, et qui marque la fin de cette période.

Le Fichier électoral

Le Fichier électoral est un terme technique qui désigne la liste des personnes capables de voter et qui se sont fait inscrits en tant qu'électeurs. Cette liste constitue en même temps la base des données des électeurs. Le fichier électoral facilite la répartition de nombre des sièges par circonscriptions (contrées) électorales.

L'Eglise

L'église vient du mot grec "ekklesia", traduit par "église" en français. Ce terme

"ekklesia" vient de deux mots : "ek" : qui signifie : "hors de", et "klaleo" qui veut dire appeler. Ainsi l'Église de Jésus-Christ est : « une assemblée de personnes qu'il appelle, qu'il assemble et met à part, qu'il sanctifie. » [3] De manière claire, "Église ou Ekklêsia" est une "Assemblée appelée hors de", c'est à dire séparée, mise à part, dans son sens étymologique "sanctifiée". Dans la Bible, le mot "assemblée" désigne premièrement un groupe de personnes mises à part dans le dessein de Dieu, pour Le servir. Autrement dit, l'Eglise est l'ensemble de ceux qui ont accepté le salut de Christ et qui sont scellés du Saint-Esprit pour vivre

[3]Pasteur Web, "Assemblée," Pasteur Web Online, http://www.pasteurweb.org/Dossiers/LEgliseDeJesus Christ.htm (consulté le 5 septembre, 2017).

contrairement à la manière de ce monde. Le mot français ecclésiastique est dérivé de " ekklesia ".

L'église au milieu du village :

Selon linternaute.com, l'église au milieu du village est une expression que l'on rencontre dans différents pays européens et qui ne traduit pas la même idée.[4] Dans plusieurs autres pays, cette expression veut dire entre autres garder les priorités en vue, ne pas mettre les charrues devant les bœufs. Faire en sorte qu'il n'y ait pas de heurts, se garder des extrémismes ou construire la vie civile autour de la réalité spirituelle. Dans certains pays dominés par la dictature, cette expression renvoie à la position neutre que doit avoir l'église à l'égards de débats politiques. Elle fait appel au silence que doit garder l'église par rapport à la gestion de la cité, elle s'accompagne de ce dicton populaire : « La politique aux politiciens, la religion aux religieux. ». De là est tiré une autre expression semblable « l'Eglise neutre ». En parlant de « l'Eglise neutre », Florent Varak la définit comme étant « Une église qui ne s'engage pas, qui ne prend pas position, qui laisse tout vent de doctrine flotter

---

[4]L'internaute, "Garder l'église au milieu du village," linternaute.com, http://www.linternaute.com/ expression/langue-francaise/14437/garder-l-eglise-au-milieu-du-village/ (consulté le 30 aout, 2017).

dans son sein. C'est l'église qui ne veut pas se positionner. »[5]

---

[5]Florent Varak, "Eglise - Apocalypse," Un poisson dans le net, : http://www.unpoissondansle.net/ apocalypse/eglise-apocalypse_004_2.18-29.pdf (consulté le 30 aout, 2017).

CHAPITRE II : DEVELOPPEMENT

1. Généralité sur l'Eglise

a. Les deux aspects de l'église

L'église universelle

L'Eglise universelle est aussi appelé le Corps universel de Christ. Elle est composée de tous ceux qui ont cru en Dieu et en son Fils Jésus, qui l'ont accepté dans leur vie de tout leur cœur. Ainsi l'unité des croyants a été accomplie par Christ. Nous sommes un à partir du moment où nous sommes nés de nouveau en acceptant Jésus-Christ, quelle que soit le lieu géographique où nous pourrons nous retrouver. Tout cela a commencé le jour de la pentecôte suite à la promesse faite par Jésus-Christ (Ac 1.5-8). Ce jour-là, les croyants furent pour la première fois baptisés individuellement dans un seul Esprit et il se forma un organisme spirituel unifié comparable à un corps dont Christ est la tête. Et cet organisme en question, c'est l'église de Christ (Mt 16.18), le corps de Christ. Ce terme grec " ekklesia "signifiant Eglise est utilisé avec plusieurs significations dans le Nouveau Testament. Souvent, nous utilisons le mot "église" à des fins qui ne sont pas tout à fait scripturaires.

Premièrement, nous devons savoir que le mot "Ekklesia" dans le NT n'a jamais le sens d'un bâtiment.

Dans le NT, le mot "ekklesia" ne signifie jamais un bâtiment, mais toujours un groupe ou des groupes de personnes. En fait, ce mot était utilisé dans le langage courant du monde grécophone, pour désigner un rassemblement philosophique, politique, ou même un groupe de discussion. Ce mot fut translitéré plus tard (c'est à dire que l'on a pris la racine du mot grec, et on a "francisé" ce mot avec une terminaison) pour donner le mot "église".

Deuxièmement, le mot "Ekklesia" dans le NT n'a jamais le sens d'une dénomination. L'église n'était pas regroupée en association, comme nous le connaissons aujourd'hui. Par exemple, il existe aux Etats-Unis un certain nombre d'associations d'obédience pentecôtiste ayant chacune en leur tête un représentant légal. Ces associations regroupent souvent plusieurs dizaines, voire plusieurs centaines d'églises chacune, et de ce fait, chaque association s'appelle une dénomination. En fait, une dénomination, c'est un groupement d'églises qui portent le même nom, qui partagent la même doctrine, et qui ont des pasteurs formés par cette dénomination.

Eglises Locales

Souvent désigné sous le terme de "Corps Local de Christ", c'est l'ensemble des croyants qui adorent Dieu dans un même endroit (Rm16 : 1 ; Col. 4 : 16 ; Ga 1 : 2 et 22 ; Ac

14 : 23 ; voir aussi Hé. 10 : 25). Un chrétien ne peut pas, en effet, vivre sa vie chrétienne isolément, car il doit devenir un disciple de Christ, et Dieu a voulu que les assemblées locales soient implantées afin que chaque croyant puisse trouver la nourriture spirituelle, des soins pastoraux et de la communion fraternelle. Dieu a voulu qu'il y ait des églises locales, pour que les croyants se réunissent géographiquement. Quand des chrétiens se réunissent régulièrement, ils prient, écoutent l'enseignement de la Parole de Dieu, ils participent à une même vision.

C'est dans ce cadre aussi que la Bible parle des églises de maison, qui sont en fait de petites communautés de croyants nés de nouveau, qui se réunissent chez quelqu'un. Nous trouvons de pareils cas aux temps du NT, et cela est encore souvent le cas pendant le démarrage d'une église locale, avant que la nouvelle communauté de croyants puisse avoir son propre bâtiment, ou pendant un temps de persécution où les chrétiens n'ont pas le droit de se réunir librement (1 Co 16 : 19 ; Rm.16 : 5 et Col 4 :15).

La Structure organisationnelle de l'église

Les saintes Ecritures révèlent comment l'Église du Seigneur est structurée. Elle est présentée comme un corps. C'est le corps de Christ, formé de nombreux et divers membres. Christ est le chef de l'Église, qui est son corps, et dont il est le Sauveur. Apôtre Paul accentue un peu plus sur l'organisation de l'église en ces termes : « Car, comme le corps est un et a plusieurs membres, et comme tous les membres du corps, malgré leur nombre, ne forment qu'un seul corps, ainsi en est-il de Christ » (Ep 5 : 23). En plus du corps, l'église est appelée l'épouse. Il y a dans cette conception de l'Eglise de Christ une relation mystérieuse comparée à celle de deux époux. « Ce mystère est grand ; je dis cela par rapport à Christ et à l'Eglise » insiste Paul dans Ephésiens 5 : 32.

Pour dévoiler clairement la structure organisationnelle de l'église, Paul précise ceci dans sa première épitre aux Corinthiens 12. 27-28 : « Vous êtes le corps de Christ, et vous êtes ses membres, chacun pour sa part. Et Dieu a établi dans l'Église premièrement des apôtres, secondement des prophètes, troisièmement des docteurs, ensuite ceux qui ont le don des miracles, puis ceux qui ont les dons de guérir, de secourir, de gouverner, de parler diverses langues ». Voilà pourquoi l'église est à la fois un organisme et une organisation, c'est-à-dire en plus d'avoir la vie en elle-même, elle est aussi organisée.

La Mission de l'Eglise envers le Monde

Au 20ème siècle, nous avons vu apparaître des " ministères " de toutes sortes, et certains de ces " ministères " se sont concentrés uniquement sur une doctrine sur laquelle ils fondent tout. Nous devons toujours nous rappeler que c'est à l'Eglise que Jésus a laissé la grande mission : « Allez, faites de toutes les nations des disciples, les baptisant au nom du Père, du Fils et du Saint-Esprit, et enseignez-leur à observer tout ce que je vous ai prescrit. Et voici, je suis avec vous tous les jours, jusqu'à la fin du monde » (Mt. 28 : 19, 20).

Jésus ne nous a pas dit de faire des convertis, mais des disciples. L'expression 'faire des disciples', c'est un seul mot grec qui est "matheteuo". Ce verbe signifie : faire de quelqu'un une personne qui suit la doctrine d'un maître, qui s'attache à ce maître en suivant sa façon de vivre. Ce passage nous montre qu'il faut d'abord évangéliser, puis enseigner et enfin développer notre relation avec Dieu. Sur ce point Henry C. Thiessen enfonce le clou dans son ouvrage en apportant ces éclaircissements-ci :

> La Bible ne nous ordonne pas de convertir le monde, mais de l'évangéliser. Cela signifie que l'Eglise a une dette envers le monde entier, c'est-à-dire que l'Eglise est obligée de donner au monde entier une occasion d'entendre l'Evangile et d'accepter Jésus-Christ.

Nous savons que tous ne répondront pas, à l'appel de l'Evangile, mais l'Eglise a cependant le devoir de donner au monde entier une occasion de connaitre Jésus-Christ et d'accepter son salut.[6]

L'évangélisation demeure la première mission de l'église envers le monde. Bien que le terme « évangélisation » ne figure pas dans la Bible, néanmoins l'idée d'une démarche privée ou publique visant à convertir à la foi chrétienne y est bien présente. De son côté, Gérard Delteil fait également l'unanimité en soulignant Dans son œuvre sur "Evangélisation et Prosélytisme", que « l'évangélisation n'est pas l'un des secteurs d'activités de l'Eglise mais la dominante de toute sa vie et qu'elle n'appartient pas à son "faire" mais à son "être". » [7] L'évangélisation reste même la mission principale de l'église envers le monde. Évangéliser, c'est l'ordre de mission donné par le Seigneur Jésus-Christ à ses disciples. Elle est plus que jamais à l'ordre du jour : « Allez par tout le monde, et prêchez la bonne nouvelle à toute la création » (Mc 16

[6]Henry C. Thiessen, *Guide de Doctrine Biblique* (Québec, Canada : Editions Impact, 2012), 370.

[7]Gérard Delteil, *Evangélisation et Prosélytisme* (présenté lors du Synode national d'Orthez, 1963), 2, livre numérique Microsoft Reader.

:15) et « Allez, faites de toutes les nations des disciples, les baptisant au nom du Père, du Fils et du Saint-Esprit » (Mt 28 :19).

Le désir de l'église d'évangéliser sera d'autant plus grand quand nous réaliserons la situation de ceux qui ne croient pas en Jésus-Christ : sans Dieu, sans Sauveur, sans espérance, perdus et destinés au châtiment éternel. Bien que l'évangélisation se traduit par la croissance en nombre dans les églises, mais la motivation première reste le salut des âmes. Le point central du message de la bonne nouvelle de Jésus-Christ, c'est la croix de Christ.

L'église doit toujours mettre l'accent sur la situation des pécheurs afin de les amener à la repentance et à la foi en Jésus-Christ pour le salut de leurs âmes. La repentance et la foi doivent aller ensemble, l'une ne va pas sans l'autre. Gérard Delteil affirme ceci :

> L'évangélisation est la mission commune de tous les membres de l'Eglise, chacun étant appelé dans sa vie quotidienne à rendre compte de l'espérance qui est en lui. Le témoignage que les fidèles ont à rendre au Seigneur exige d'eux qu'ils accordent tout leur soin à une meilleure formation biblique et théologique. Chaque église se rendra responsable de cette formation continue de ses membres ; Ce

témoignage suppose la participation consciente des chrétiens à la vie de la Société où ils se trouvent et où ils ont à introduire une tension vivifiante.[8]

Les œuvres sociales aussi constituent une part importante dans la mission de l'église envers le monde. L'Évangile sans conséquences sociales n'est pas l'Évangile. Ainsi l'église doit penser à financer de vrais projets sociaux. L'Évangile est une bonne nouvelle pour le monde parce qu'il répond à une attente profonde des hommes auxquels ils s'adressent.

Dans son ouvrage intitulé Guide de Doctrine Biblique, Henry C. Thiessen, insiste sur cet aspect social avec ces propos : « Bien que le croyant doive se séparer de toute alliance mondaine, il doit cependant soutenir toute cause qui cherche à promouvoir le bien-être social, économique, politique et éducatif de la communauté.»[9] En plus d'évangélisation, l'église d'aujourd'hui doit savoir donner une réponse sociale aux besoins de la population en créant des écoles, des hôpitaux, des centres des formations professionnelles et réussir l'intégration des délaissés dans la société.

---

[8] Ibid.

[9] Thiessen, 370.

Tout au long de son ministère, Jésus-Christ nous a montré l'exemple en pratiquant les œuvres sociales envers la foule. N'est-ce pas lui qui avait dit aux disciples : « Donnez-leur vous-même à manger », et les limites de ces derniers vont pousser le Maitre à accomplir un acte humanitaire en nourrissant cinq mille personnes. Que dire de plus de l'eau changé en vin, de la pêche miraculeuse au Lac de Génésareth, et tant d'autres œuvres sociales accomplies par Jésus-Christ en plus de l'évangile annoncé. Richard Gelin disait : « Une Église, dont l'existence n'est pas marquée de transformations au regard des normes en vigueur dans la société est une Église qui assure peut-être une fonction religieuse dans la société, mais qui n'assume pas le renouvellement profond de la vie sociale qui est la conséquence de l'Évangile. » [10] Évoquant les conséquences sociales inhérentes à l'Évangile, il convient de dire que ce social ne se réduit pas à l'action sociale. Nous avons conscience de ce que nous faisons ou devrions faire pour les autres ; nous n'avons pas toujours conscience de ce que nous sommes pour eux.

---

[10]Richard Gelin, "La-responsabilité-sociale du chrétien et de l'église," publicroire.com, http://www.publicroire.com/cahiers-ecole-pastorale/le-monde-actuel/article/la-responsabilite-sociale-du-chretien-et-de-l-eglise (consulté le 20 aout, 2015).

Si défi il y a, celui auquel nous faisons face est le défi de permettre aux conséquences de l'Évangile de se manifester dans la vie même de la communauté chrétienne. La fidélité à la Bonne Nouvelle c'est aussi la fidélité à ses conséquences. L'Évangile a des conséquences sociales parce qu'il est la puissance recréatrice de Dieu. La parabole du père et de ses deux fils (Lc 15) manifeste que l'amour du père appelle la reconnaissance effective de la fraternité.

L'Évangile récuse la classification des hommes selon les impératifs de la structure sociale dominante, selon l'origine ethnique, selon l'appartenance sociale, selon la fortune ou la couleur de la peau ou de la proximité du pouvoir, etc. L'Évangile ne peut donc être que déroutant au regard du fonctionnement traditionnel de l'humanité.

L'une des évolutions récentes dans la compréhension des textes bibliques tient à la prise en compte du contexte social dans lequel ces récits ont été énoncés. Approcher le texte des épîtres à partir de cette perspective manifeste qu'un vocabulaire, ayant au fil du temps été "spiritualisé", a d'abord été reçu comme un langage en référence à des expériences quotidiennes. Certaines évocations bibliques ne sont facilement compréhensibles que par des pauvres, parce qu'elles sont d'abord adressées à des pauvres, au regard de leur expérience ordinaire. Tout comme ce passage-ci : « Après avoir été esclaves du péché, vous êtes esclaves de la justice » (Rm 6 :18) ; L'Église de Rome est essentiellement formée d'esclaves, qui savent ce que veut dire "être esclave". Nul besoin d'un fin prédicateur pour le leur expliquer ! La dimension sociale de l'Évangile ne doit pas se réduire à l'action caritative et humanitaire. L'Évangile fait naître une Église qui est en elle-même un lieu d'intégration d'hommes et de femmes marginalisés dans la société. Ainsi on ne peut pas détacher la question de ce que l'Église fait de celle de ce que l'Église est.

Les Elections

La notion générale sur les élections

Il est nous indispensable de présenter la notion générale sur cette opération, dite élection, qui consiste à élire par la voie des urnes les représentants (une personne, un groupe, un parti politique ou une option) destinés à représenter la population entière ou occuper une fonction au nom du peuple. La population concernée transfère par le vote de sa majorité à des représentants ou mandants choisis, la légitimité requise pour exercer le pouvoir attribué (fonction censée être par ailleurs définie et orientée par le biais d'un programme politique). « Dans le cadre des régimes et institutions politiques, l'élection à l'époque contemporaine est revendiquée au moins formellement comme étant le mode le plus légitime d'accession au pouvoir, »[11] nous révèle l'encyclopédie libre Wikipedia. Revendication qui n'épuise pas le débat de fond sur le caractère foncièrement « démocratique » du déroulement et du résultat de cette élection.

« Dans toute élection, le phénomène de l'abstention peut avoir un impact important dans la mesure où le vote exprimé peut apparaitre illégitime si le taux d'abstention est trop élevé : Dans cette hypothèse le vote n'est plus que l'expression d'une minorité, »[12] insiste Wikipedia. Le vote est un droit et un devoir qui consiste à donner son avis en affirmant son soutien à un candidat (généralement en secret) en déposant un bulletin de vote dans l'urne électorale. C'est avec la publication des résultats, que se termine le processus électoral proprement dit. Il sera alors question de déterminer la source de la « compétence » et/ou de la « représentativité » des votants. Face à une pluralité de choix possibles, deux questions surgissent.

La première est celle de savoir qui est « compétent » pour participer à la décision. Positivement, la compétence à

---

[11]Encyclopédie libre Wikipedia, "Election," wikipedia.org https://fr.wikipedia.org/wiki/% C3%89 election (consulté le 4 septembre, 2017).

[12] Ibid.

participer peut découler d'un droit général et imprescriptible, ou résulter d'une compétence d'attribution ou résulter d'une compétence de délégation. Négativement l'incompétence à participer peut résulter de l'état ou de la qualité d'une personne, en application d'un règlement ou d'un usage. Cette question de la compétence détermine directement le droit d'inscription sur les listes électorales.

La deuxième question est de savoir quelle représentativité et quel poids accorder à chacun des décideurs reconnus compétents. La règle la plus courante est : un Homme = une voix ; Mais des dispositions particulières peuvent prévoir que le nombre de voix détenu par un votant puisse varier et soit déterminé par un critère précis : Il peut s'agir par exemple des tantièmes détenus, du nombre d'actions détenues. Un double vote peut être prévu par les statuts pour tenir compte de l'ancienneté ou du statut patrimonial, professionnel, familial ou social.

La structure et l'organisation des Elections

Dans presque tous les pays, il existe des structures chargées d'organiser les Elections, et elles sont régies par la loi du pays en la matière. Elles font souvent partie des « institutions d'appui à la démocratie ». Elles sont des organismes de droit public, permanents et neutres. Elles jouissent de l'autonomie administrative et financière. Leurs missions est d'organiser, en toute indépendance, neutralité et impartialité des scrutins libres, démocratiques et transparents. Et elle a pour attributions d'organiser et gérer les opérations pré-électorales, électorales et référendaires notamment l'identification et l'enrôlement des électeurs, l'établissement et la publication des listes électorales, le vote, le dépouillement, la centralisation et l'annonce des résultats provisoires et tant d'autres charges liées aux échéances électorales.

Les enjeux électoraux et ses défis sociaux

Pour parvenir à organiser les élections, ces structures doivent procéder à l'identification et l'enrôlement des électeurs, à la publication et la mise à jour des listes électorales. Elles fixent les dates de début et de clôture de ces opérations et prend toutes les dispositions nécessaires pour garantir leur bon déroulement. L'opération d'identification et enrôlement permet donc de faire la collecte des données personnelles et de comptage des populations remplissant les conditions requises pour voter. La liste des inscrits remplissant les conditions d'élire les candidats et/ou de se faire élire constitue la base des données des électeurs ou plus techniquement le fichier électoral. Ce fichier, dont certaines informations sont reprises sur la carte d'électeur, est très précis sur l'identité de chaque électeur et sur l'emplacement du centre où il s'est inscrit. Le fichier électoral permet de repartir le nombre des sièges par circonscriptions électorales.

L'Eglise face aux penchants politiques

Lorsque nous entendons K.AM. Alou déclarer ce qui suit dans "le Chrétien et l'Engagement Politique" : « La vie politique et la vie chrétienne, c'est exactement comme Dieu et l'argent. On ne peut pas servir les deux à la fois. »[13] Et partant de cette affirmation, certaines voix s'élèvent arbitrairement pour inviter l'église à la neutralité absolue vis-à-vis de la politique. Ainsi, après une analyse approfondie de notre part, nous trouvons cette affirmation à la fois acceptable et inacceptable. D'un côté, nous disons qu'elle est acceptable si elle est adressée uniquement aux leaders chrétiens, notamment aux pasteurs, à ceux-là dont la vocation est d'annoncer l'évangile d'une manière exclusive. Ils doivent se concentrer à l'exercice de leur ministère auquel ils ont été appelés, veiller sur le troupeau du Seigneur. Vu que les exigences de la vie politique entacheront fortement leur vie sacerdotale.

De l'autres côté, nous qualifions inacceptable cette affirmation, car il n'est pas prohibé aux enfants de Dieu, aux

---

[13]Alou, 50.

fidèles en générale de se lancer dans une carrière politique, de devenir des candidats aux échéances électorales, de battre campagnes pour tel ou tel autres candidats de leur choix. Nous trouvons trop extrémistes les propos de K.A.M Alou. Les fidèles peuvent avoir des penchants politiques, c'est normal. Ils sont des citoyens d'une nation et sont libres de participer à la gestion de la cité. Et cela n'affecte nullement la vie de l'église. Le problème est que quand c'est le pasteur qui affiche ses tendances politiques, la vie de l'église sera forcément affectée par sa tendance politique, étant donné qu'il est l'autorité établie par Dieu dans une église locale. En d'autres mots, le pasteur doit incarner la position de l'église qui est au milieu du village, il doit veiller sur sa neutralité devant les fidèles. N'oublions pas que l'église est composée des fidèles de toutes les tendances politiques. Quand l'église est appelée à la neutralité, c'est par rapport à un dualisme politique ou au combat politicien.

Mais quand il y a des abus sociaux, de la dépravation des mœurs, de la corruption, dans ce cas précis, l'église est appelée à dénoncer avec amour ces anti valeurs. Quand certains candidats aux élections sont des véritables menaces pour la société en général, l'église doit se lever et les dénoncer tout bonnement. Nous soulignons que ces dénonciations ne doivent pas être au profit d'un quelconque candidat, mais au profit uniquement de la justice sociale. « La volonté de Dieu pour les nations, c'est le Shalom, un règne et un état de paix, d'harmonie, de justice. Dieu abhorre la violence et l'oppression, il juge et condamne le cynisme, l'orgueil, la soif d'un pouvoir qui écrase les pauvres et anéantit les faibles, »[14] nous exhortent Éric Kayayan & Aaron R. Kayayan.

Généralement à l'endroit de l'église, les politiciens aiment tenir à tort ou à raison les propos suivants : "L'église doit être au milieu du village", "l'église ne doit rien faire", "l'église doit accepter tout", "l'église doit être neutre", "l'église..." En amont, ces politiciens ont raison dans le sens où ils rappellent à l'église son rôle de pacificateur ou de réconciliateur, de l'empêcher à afficher un quelconque penchant politique, de lui dire qu'elle est apolitique, etc ; En aval, ils ont tort, lorsque derrière ces propos, ils visent à étouffer la vérité que l'église veut proclamer, empêcher l'église de dénoncer le mal, interdire à l'église de condamner certaines pratiques nuisibles pour la société.

Les stratégies des candidats rusés vis-à-vis des églises

Il y a une autre réalité qui existe dans plusieurs de pays, cette réalité concerne souvent les mega church ou les

---

[14]Éric Kayayan et Aaron R. Kayayan, *Le Chrétien dans la Cité* (Lausanne, Suisse : Editions L'Age d'Homme, 1995),166.

grandes églises qui sont placées, sans le vouloir, sous les collimateurs des politiciens. Dag Heward-Mills attire l'attention des pasteurs en ce sens : « Plus l'église grandit et acquiert de l'influence, plus le gouvernement s'intéresse à elle. Il se peut même qu'il envoie des espions examiner la situation… Quand il y a vote, ne révélez pas votre choix à la congrégation. »[15] Dans certaines villes souvent, la plupart des leaders chrétiens sont sages et prudents, car ils préfèrent aller en dehors du pays lors des échéances électorales pour échapper aux diverses sollicitations des politiciens à la recherches de voix électorales au sein des églises.

Lors des campagnes électorales, beaucoup de candidats se donnent les devoirs de retenir quelques passages bibliques et se transforment momentanément en frères et sœurs en Christ. Ils sillonnent les églises situées dans leurs circonscriptions électorales pour séduire les fidèles - électeurs. Ces candidats sont prêts à faire des dons, acheter les instruments, donner des enveloppes aux églises dans l'unique objectif de collecter les voix des électeurs en échanges. Et une fois que les élections

---

[15]Heward, 66.

passées et les résultats publiés, ces candidats caméléons disparaissent aussi, qu'ils soient élus ou pas.

Les limites de l'église face aux enjeux électoraux

Les églises des Assemblées de Dieu ne doivent nullement devenir les fiefs électoraux des candidats membres de l'église ou non. Sinon elle sera plongée dans la politique pure sans le savoir. Dans son œuvre sur le Chrétien et l'Engagement Politique, K.A.M. Alou nous avertit en tenant ces propos-ci : « La politique et la Parole de Dieu ne font pas bon ménage. Elles font partie de deux registres différents, de deux registres opposés. La Parole de Dieu est toujours Vérité et elle dérange. »[16] Sur ce ton-là, nous sommes d'accords avec Alou. Car L'église ne doit pas avoir une couleur de politique électorale.

Toutefois, les fidèles sont libres de leurs positionnements politiques sans une quelconque influence de leur pasteur. Lorsqu' un fidèle se sent appelé à la vie politique, il peut se lancer dans une carrière politique sans étouffer sa foi chrétienne. Sur ce point, nous ne sommes pas non plus d'accords avec K.AM. Alou qui va jusqu'à élargir cette neutralité à tout chrétien lorsqu'il dit que « le chrétien, en ne s'engageant pas, joue mieux son rôle de

---

[16]Alou, 49.

pont, de garant, d'intermédiaire, d'interprète... entre les groupes et fractions opposées. »[17] Il aurait dû seulement limiter ce non-engament aux pasteurs, mais pas à tout chrétien en général. Nous ne devons pas demander autant aux fidèles qu'aux pasteurs.

Les militants et militantes des partis politiques sont d'abords des hommes et des femmes libres de tout choix avant d'être des militantes et des militants de leurs partis. Toutefois ils doivent savoir que la campagne électorale ne doit jamais se faire dans l'église. De même les candidats aux élections sont d'abords des hommes ou des femmes libres avant de devenir des candidats. En tant qu'hommes et femmes libres, ils ont droit de se lancer dans les domaines de leurs carrières politiques, tout en sachant que la chaire de l'église n'est pas pour la propagande électorale.

Les droits et devoirs civiques des Chrétiens

Les chrétiens sont priés de voter en âme et conscience

Bien que les chrétiens aient les droits et devoirs de voter librement, ils sont toutefois invités à agir d'une manière réfléchie et responsable. C'est le même appel à la raison que nous trouvons dans ce discours-ci :

---

[17]Ibid.

« Voter est un acte personnel, dans le secret de l'isoloir, après avoir réfléchi et s'être informé. » [18] Il n'est pas bon de vouloir à tout prix amener la position des uns et des autres sans leur laisser le temps de réfléchir sur la décision à prendre. Nous devons faire l'effort de croire que ceux qui pensent autrement le font pour de bonnes raisons. Car l'avenir de la ville ou de la nation dépendra des choix que nous ferons lors des échéances électorales. D'où, la nécessité est de voter en âme et conscience. Nous ne votons pas que pour nous, les générations futures subiront aussi les effets tant positifs que négatifs de nos choix.

« Les élections visent justement à faire émerger au sein d'une société des personnes de qualité qui vivent l'engagement comme un service, et se sentent responsables de l'intérêt général. La politique est un exercice difficile. Elle demande une charpente intérieure, car il est évident que le pouvoir isole, et déforme le regard. »[19] poursuit-il encore. Les personnes au pouvoir, si elles n'y prennent pas garde, peuvent vite être déconnectées de la réalité. Il est souhaitable qu'avant de voter de prendre tous ces critères en considération. Certains font référence aux

---

[18]La Croix, "Présidentielle," la-croix.com, http://www.la-croix.com/Religion/Catholicisme/France/ Presidentielle-Les-chretiens-doivent-etre-cote-ceux-favorisent-parole-dialogue-2017-04-21-1200841268 (consulté le 28 aout, 2017).

[19]Ibid.

valeurs chrétiennes. Il faut veiller à ce que celle-ci soient nourries et vivifiées par une écoute de la Parole de Dieu, par la fréquentation régulière d'une communauté chrétienne.

Il est d'abord important de repérer les sentiments qui nous animent quand nous pensons à aller voter pour tel ou tel autre candidat : dette morale ? pression ? ras-le-bol ? colère ? désintérêt ? En identifiant ses sentiments, il faut se demander s'ils doivent guider nos décisions. Il est aussi nécessaire tenter d'expliquer à autrui ce qui motive notre choix, le justifier, l'argumenter. Et puis bien sûr, s'intéresser aux programmes politiques au-delà des résumés. La personnalité des candidats entre également en ligne de compte : quelles qualités me semblent importantes aujourd'hui ? Quelle personnalité est la mieux adaptée pour assumer cette charge ? De quoi notre ville a-t-elle besoin ? Enfin, le Chrétien peut porter toute cette réflexion dans la prière. C'est important de prier pour son pays ou sa ville, de demander au Seigneur de nous éclairer sur ces questions politiques. Dieu lançait cet appel aux enfants d'Israël : « Recherchez le bien de la ville où je vous ai menés en captivité, et priez l'Éternel en sa faveur, parce que votre bonheur dépend du sien » (Jr 29 : 7).

Impact négatif des abstentions

Face aux fraudes et irrégularités qui caractériseraient les élections dans certains bureaux de vote de la ville, beaucoup de chrétiens électeurs préfèrent s'abstenir. Partout au monde, il n'existe pas d'élections parfaites. Ainsi quelques imperfections qui puissent exister ne doivent pas nous pousser à nous abstenir. « Dans toute élection, le phénomène de l'abstention peut avoir un impact important dans la mesure où le vote exprimé peut apparaitre illégitime si le taux d'abstention est trop élevé : Dans cette hypothèse le vote n'est plus que l'expression d'une minorité, »[20] nous apprend Wikipédia.

Le fait de s'abstenir peut créer d'énormes impacts négatifs. Cela laisse le libre accès à n'importe qui de nous représenter ou de nous diriger. Il est toujours sage d'exprimer son choix au travers des urnes. Il faut noter que « voter est une occasion de promouvoir, de protéger et de préserver une gouvernance qui respecte Dieu et sa parole. De manquer cette occasion revient à donner carte blanche à ceux qui dénigrent le nom de Christ. »[21] Ne pas voter, c'est aussi manquer à son devoir en tant que citoyen. Le vote est un droit et un devoir qui consiste à donner son avis en

---

[20]Wikipedia, Ibid.

[21]Got Questions, "Chrétien vote," gotquestions.org, https://www.gotquestions.org/Francais/Chretien-vote.html (consulté le 28 aout, 2017).

affirmant son soutien à un candidat (généralement en secret) en déposant un bulletin de vote dans l'urne électorale. C'est avec la publication des résultats, que se termine le processus électoral proprement dit. Par le vote, nous contribuons à la bonne marche du pays. Ne pas vouloir voter, c'est encourager autrement la prise de pouvoir par les coup d'Etat et par la rébellion.

Les Difficultés des chrétiens aux enjeux électoraux

Il est probable que l'une des causes des difficultés des chrétiens à se faire entendre dans la société soit leur situation minoritaire. Cette situation est due en grande partie au découragement de la part des leaders à l'endroit de ceux qui sont appelés à gérer la cité. Les chrétiens actifs, pratiquants, sont de plus en plus minoritaires dans la gestion de la cité. Toujours à propos de la gestion de la cité, il y a aussi une sorte d'indifférence de la part de chrétiens comme le signale Saïd Oujibou qui atteste que : « Nous (les chrétiens) nous sommes trop contentés d'être des citoyens de seconde zone et avons été habitués à vivre ainsi. »[22]

À la base de ces difficultés que rencontrent les chrétiens, nous trouvons aussi cet esprit de tout spiritualiser tout en vivant encore sur la terre. En rapport avec la

---

[22]Said Oujibou, "Les Chrétiens doivent voter," chretien.news, https://chretien.news/said-oujibou/ (consulté le 28 aout, 2017).

situation de chrétien dans le monde, voici une affirmation qui ne tient pas débout partant de notre recherche :

> Si le chrétien était citoyen de ce monde, si sa part et sa demeure étaient ici-bas, alors certainement il se devrait de prendre part le plus activement possible aux affaires du monde. Il devrait voter pour élire les conseillers municipaux et les députés, ... ; Il devrait déployer toute son énergie pour améliorer et diriger le monde. Mais si au contraire il est vrai que le chrétien est "mort" quant au monde, alors il est citoyen du ciel ; si sa place, sa part et sa demeure sont en haut, il n'est donc que pèlerin et étranger ici-bas ; et par conséquent il n'est pas appelé à se mêler de quelque manière que ce soit à la politique du monde. [23]

Cette façon de mépriser ses droits et devoirs civiques au nom d'une quelconque croyance spirituelle relègue les chrétiens au second plan, et à la longue les mêmes chrétiens commenceront à se plaindre, à murmurer contre les autorités en place, à les maudire même. Compte tenu de toutes ces tristes réalités, Saïd Oujibou exhorte les chrétiens en ces termes : « Il est préférable de s'engager

---

[23]Bible Free, "Le Chrétien et la politique," bible.free.fr, http://bible.free.fr/divers/37polit.html (consulté le 28 aout, 2017).

plutôt que de se lamenter et de se plaindre du monde politique en permanence. Ceux qui nous gouvernent n'ont pris que la place que nous avons laissée. »[24] Aujourd'hui, la réaction des chrétiens face aux enjeux électoraux est de plus de plus en plus regrettable ; Le site chretien.news déplore le fait que « nombreux sont les croyants qui se tiennent à l'écart de la politique pensant que ce n'est pas pour eux ; pourtant, toute communauté unie a un réel pouvoir tant sur le choix d'un président que sur les décisions politiques de la gouvernance. »[25] Que dire en plus de la division qui tente de s'ériger entre les chrétiens. Cela affaiblit la force de l'église face aux enjeux électoraux et crée tant de divergences d'opinions sur des choses très sensibles. Notre Seigneur Jésus-Christ nous révèle que « si un royaume est divisé contre lui-même, ce royaume ne peut subsister ; et si une maison est divisée contre elle-même, cette maison ne peut subsister. » (Mc 3 : 24,25).

Les rôles de l'église dans le processus électoral

Rôle physique de l'Eglise

Dans "Christianisme et Politique", Fréderic Baudin & Nicolas Farelly nous font savoir qu'il en va de la

[24]Oujibou, (consulté, le 28 aout, 2017).

[25]Chretien News, (consulté, le 28 aout, 2017).

responsabilité de l'église, corps de Christ d'être impliquée dans le domaine politique (gestion de la cité). En jouant son rôle physique, l'église ne doit pas chercher à usurper le pouvoir de l'Etat et de ses représentants puisse que ceux-ci ont été établis par Dieu lui-même pour le bien des nations.[26] Voilà à quel niveau la marie de la ville a besoin de l'église jouer un rôle essentiel dans le processus électoral. Comprenons que le rôle de l'église n'est pas de rester dans un coin religieux, mais l'église doit encourager les chrétiens à aller s'enrôler et à voter librement les candidats de leur choix selon l'orientation du Saint-Esprit. L'éthique chrétienne nous exige de faire tout notre possible pour être de bons citoyens et travailler pour l'amélioration de notre société, et l'une des façons d'y parvenir est de voter.

Philippe Joret nous fait savoir que « la politique est l'art de bien diriger la cité pour garantir le bien-être de tous les citoyens. Un chrétien ne peut s'en désintéresser. »[27] Tant que l'église n'est pas encore enlevée, elle est dans la cité et doit avoir un œil sur ce qui se passe dans la cité, sans que cela ne puisse la détourner de sa vision, mais au

---

[26]Fréderic Baudin et Nicolas Farelly, *Christianisme & Politique, Quelle place pour l'Eglise dans le débat politique ?* (Paris, France : Editions Empreintes Temps Présent, 2007), 28.

[27]Philippe Joret, *Présidentielles, sur quels critères choisir ?* (Paris, France : Editions Alpha Oméga, 2007), 12.

moins, cela l'aidera à orienter son engagement pour la cité. L'Eglise ne doit pas décourager les fidèles qui sont appelés à la politique de se lancer, de postuler aux élections. Voici ce que témoigne Christine Boutin, une chrétienne engagée en politique : « Si en tant que chrétien, nous nous posons beaucoup de questions sur notre société, c'est sans doute parce que nous sommes restés silencieux dans le passé. En nous plaçant en dehors de la vie politique, nous avons laissé d'autres le soin de faire des choix que nous aurions dû influencer. »[28]

Le rôle physique de l'église dans le processus se traduit aussi par l'encadrement approprié des chrétiens appelés à la vie politique afin de leur inculquer les principes biblique liés à la gestion de la cité. L'Eglise a le devoir de préparer la jeunesse, de leur expliquer les enjeux de l'heure, organiser des moments de réflexions basées sur les questions de l'actualité, de temps forts d'analyse de la situation socio-politico-économique, participer aux débats sur l'état des lieux de la nation, … tout cela à la lumière des Ecritures Saintes. Voici le point de vue de Saïd Oujibou, un chrétien engagé dans la gestion de la cité : « C'est avant tout en tant que citoyen que je me présente, afin que mes valeurs puissent être exprimées à l'Assemblée, là où se

[28]Baudin & Farelly, 49.

votent les lois. Je crois que les chrétiens doivent être présents dans toutes les sphères de la société, dans la politique, dans les médias, dans le monde de La culture et de l'art, dans la vie associative. »[29]

Rôle spirituel de l'église

Dans son rôle spirituel, l'église est appelée à prier pour le bon déroulement des élections. La prière reste l'arme principale et exclusive de l'église. En réponse à la prière de Salomon, Dieu a fait cette promesse aux enfants d'Israël : « Si mon peuple sur qui est invoqué mon nom s'humilie, prie, et cherche ma face, et s'il se détourne de ses mauvaises voies, je l'exaucerai des cieux, je lui pardonnerai son péché, et je guérirai son pays » (2 Ch 7 : 14). L'église est appelée à organiser des temps forts de prière pour la ville, les autorités urbaines, les activités économiques, les élections, ...Pourquoi ne pas solliciter auprès des autorités une journée urbaine de la prière. Il faut combattre et vaincre les forces spirituelles négatives de la ville dans la ville « ...afin que les dominations et les autorités dans les lieux célestes connaissent aujourd'hui par l'Église la sagesse infiniment variée de Dieu » (Ep 3 : 10).

[29]Oujibou, (consulté, le 28 aout, 2017).

Il sied de signaler que le rôle spirituel s'exprime aussi par le principe de la foi chrétienne. Le duo Kayayan atteste que « la liberté et la justice ont leurs prémices nécessaires dans la foi chrétienne, et sans la foi la société-toute société-finit par s'aliéner et par sombrer dans le pire des esclaves, en dépit de ses slogans démocratiques et de ses crédos républicains, »[30]. Et au travers de cette interpellation, les Assemblées de Dieu doivent comprendre que la Marie de la ville attend à ce que l'église enseigne suffisamment sur la foi chrétienne. C'est par cette foi que la ville saisira le vrai sens de la liberté et de la justice. Le même duo nous fait part d'une vérité profonde en révélant que « L'Ecriture rend suffisamment clair que l'Eglise et l'Etat sont tous les deux des ministères exercés sous l'autorité suprême du Christ. La première est le ministère de la grâce, le second est le ministère de la justice. »[31]

L'impact électoral de l'église dans la société

Les Saintes Ecritures révèlent que la ville s'élève par la bénédiction des hommes droits, Mais elle est renversée par la bouche des méchants. » (Pr 11 : 10,11). Quand les hommes droits sont à la tête des institutions urbaines,

---

[30]Kayayan, 168.

[31]Ibid.

l'impact sera visible à grande échelle. Car leur style de vie va influencer automatiquement la société en général. C'est aussi le constat fait par mon père, le Révérend Roland Dalo, qui lors d'une série d'enseignements sur la justice et l'amour : notre apostolat ; Il a affirmé que la qualité d'une ville dépend de la qualité de vie de ses dirigeants[32]. A ce jour, l'impact de l'église ne fait l'ombre d'aucun doute, car, en dehors de l'œuvre d'évangélisation, elle est considérée comme promotrice de progrès social, instruments de transformation de vie et de développement communautaire, de l'amélioration de conditions de vie mais surtout des refuges. Avec cet élan, nous rejoignons Philippe Joret qui nous motive en ces termes : « Nous devons contribuer au mieux vivre de nos citoyens. » [33]

Imaginons une ville dirigée par les chrétiens remplis du Saint-Esprit, le maire de la ville un homme de foi engagé, ses députés nationaux craignant Dieu, ses députés provinciaux ennemis de la corruption, des conseillers municipaux et communaux qui commencent régulièrement leurs réunions par une forte intercession charismatique en faveur de la ville, les conseillers urbains travaillant avec

---

[32]Roland Dalo, série d'enseignement sur la justice et l'amour : notre apostolat, magazine Sur Ta Parole n°1, Janvier 2009.

[33]Joret, 22.

Bible à la main, les bourgmestre et bourgmestre adjoint toujours présents aux réunions des églises,... toutes ces réalités entraineront une forte présence de Dieu dans la ville, la justice sociale, la paix dans chaque quartiers et la joie dans chaque famille. La corruption n'existera presque plus, le vol et le viol ne seront pas mentionnés. Car le Saint-Esprit libérera un puissant réveil sur la ville. Dans Marc 9 : 23, Jésus dit : Tout est possible à celui qui croit. Oui, nous croyons.

CHAPITRE III : CONCLUSION

Résumé

Au terme de cette publication sur « l'église face aux enjeux électoraux ». Comme dans la plupart de pays démocratiques au monde ; l'église, de par sa nature apolitique, pacifique et impartiale, a toujours bénéficié d'une crédibilité irréfutable de la part à la fois des autorités politiques et de la population en général. Certes, les fidèles qui fréquentent les églises vivent dans la société, l'église elle-même est implantée dans la société. Et la gestion de la société intéresse d'une manière ou d'autre l'église. Ainsi la société en générale attend voir l'église, la protectrice des valeurs éthiques, jouer un rôle incontournable pour son développement et le progrès social.

Nous avons compris que le monde a besoin d'un relèvement à tous les niveaux possibles. La stabilité sociale, la paix civile durable et le développement économique d'une société sont l'expression de sa bonne gouvernance. Compte tenu de ces défis, la société espère voir les églises, dans une juridiction donnée, contribuer au maintien de la paix et de la justice social, surtout lorsque les élections sont annoncées.

La structure et l'organisation des élections

Nous devons retenir que nous sommes dans un contexte de régime démocratique. La démocratie sous-entend l'existence de plusieurs partis politiques, plusieurs candidats aux élections et plusieurs possibilités pour les électeurs de choisir les candidats de leur choix librement. Car dans un Etat démocratique, le pouvoir appartient au peuple, et ce dernier décide par la voie des urnes lors des élections organisées sur l'ensemble du territoire national. Retenons qu'il existe au sein de toute société démocratique des organismes de droit public, permanent et neutre, jouissant de l'autonomie administrative et financière. Ils sont des institutions d'appui à la démocratie ayant la charge de garantir des élections libres et démocratiques.

Les rôles de l'église dans le processus électoral

Pour répondre aux attentes des autorités politico-administratives d'un côté et du reste de population de l'autre côté ; nous avons signalé que l'église est invitée à s'impliquer de deux manières en jouant son rôle. D'une part, elle doit s'impliquer spirituellement aux enjeux électoraux en soutenant dans la prière les élections, à éduquer la population, à promouvoir la paix, à créer une atmosphère de confiance, encourager la justice et la transparence, dénoncer les anti valeurs électorales, lutter contre la corruption et les fraudes électorales dans la société. Chaque fois qu'il nous invitait à prier pour le pays lors de ses interventions, mon père le Révérend Roland Dalo faisait souvent cette déclaration : « Nous ne sommes pas un parti politique, mais nous avons un cœur pour notre pays. »[34]. L'heure vient où nous devons proclamer comme les

[34]Roland Dalo, Ibid.

habitants de Sion : « Pour l'amour de Sion (de notre société) je ne me tairai point, Pour l'amour de Jérusalem je ne prendrai point de repos, Jusqu'à ce que son salut paraisse, comme l'aurore, Et sa délivrance, comme un flambeau qui s'allume. » (Es. 62.1)

D'autre part, l'église est conviée à s'impliquer physiquement aux enjeux électoraux en encourageant ses fidèles chrétiens à s'enrôler et à participer massivement aux élections. Les chrétiens ont le devoir et la responsabilité de voter librement, surtout en faveur des responsables politiques qui font la promotion des valeurs chrétiennes. L'église doit encourager les chrétiens ayant la vocation politique à postuler pour rafler les sièges et contribuer au développement social avec des lois basées sur les valeurs chrétiennes ; et en même temps décourager le soutien des candidats ou des programmes politiques qui enfreignent les commandements de la Bible en ce qui concerne le respect de la vie, la famille, le mariage ou la foi (Pr 14.34).

L'église doit cesser de subir de la part de dirigeants païens, sans foi, ni loi. L'heure est venue où l'église doit se lever. Jésus a dit à ses disciples qu'ils sont le sel de la terre ; mais si le sel a perdu sa saveur, avec quoi sera-t-il salé ? Il n'est plus bon à rien qu'à être jeté dehors et à être foulé aux pieds par les hommes » (Mt 5:13). Or le Seigneur

Jésus-Christ ne dit pas que les disciples doivent être le sel de la terre, mais qu'ils le sont. Il ne parle pas sous forme d'exhortation, mais d'exposé d'une vérité, d'un fait incontestable. Le sel jouait déjà un rôle important dans l'Ancien Testament. Tout sacrifice devait être salé de sel (Mc 9 :49). Exercer le service du temple sans sel était de fait impensable (Esd 6 :9 ; 7:22). Le 'sel' représente un principe conservateur agissant contre la corruption et la pourriture. Il symbolise les droits de Dieu, Ses principes justes lorsqu'Il agit avec les hommes. Les chrétiens sont appelés à empêcher la corruption, les fraudes électorales, de la même manière que le sel le fait. Il faut des candidats qui sont des sels et non de candidat -levain. Car si le sel empêche la corruption, le levain la génère.

Les droits et devoirs civiques des Chrétiens

Dans la publication de Vincent Sosthène Fouda, nous trouvons cette affirmation : « L'engagement dans la vie politique constitue un devoir essentiel pour tout citoyen, et donc pour tout chrétien. »[35] Dans beaucoup de pays du monde où la démocratie n'est pas instaurée, les chrétiens sont opprimés et persécutés. Ils souffrent de l'oppression de

[35]Vincent Sosthène Fouda, *Eglises chrétiennes et Etats-nations en Afrique : un couple tenté par l'adultère* (Paris, France : Editions L'Harmattan, 2005), 135.

gouvernements qu'ils n'ont pas le pouvoir de changer, qui haïssent leur foi et font tout pour étouffer leur voix. Ces croyants risquent leur vie en annonçant l'Évangile de Jésus-Christ. Mais sous les régimes démocratiques, les chrétiens jouissent de la bénédiction de s'exprimer librement et de choisir leurs dirigeants sans crainte pour leur vie ou celle de leurs proches. Voilà pourquoi les chrétiens sont attendus massivement au vote, et ce vote doit être guidé par la prière.

L'Eglise face aux penchants politiques

Nous avons montré l'attitude que doit avoir l'église face aux penchants politiques. L'église doit veiller sur sa neutralité par rapport aux positionnements des regroupements politiques ; elle doit rester attachée aux principes bibliques. Dans son livre sur l'éthique ministérielle, Dag Mills invite les pasteurs à rester neutre en règle générale. La sagesse pousse à la neutralité surtout dans une démocratie en développement. Il invite les pasteurs à ne pas révéler leur choix à la congrégation quand il y a vote.[36] Il n'est pas sage de voir l'église afficher une quelconque tendance politique. La place de l'église est au

---

[36]Heward, 66.

milieu du village pour assurer la promotion de l'unité, de la paix et de la justice sociale.

L'attitude que doit avoir l'église est traduite aussi par le fait qu'elle croit fermement que la promotion du bien commun passe nécessairement par l'éducation qui remoule la conscience et amène l'individu à la maturation d'un être viable et fiable, c'est-à-dire, doué de raison et de liberté. Autrement dit, transmettre les connaissances théoriques permet le partage des expériences de l'humanité et des qualités morales. Et ces dernières n'étant pas innées, elles doivent s'apprendre en société, entendons : la famille, l'Eglise, l'école, les mass médias, les groupes de réflexion, organisations et autres institutions à vocation éducative.[37]

Comprendre les domaines de neutralité de l'église

Il a été précisé que la neutralité de l'église ne doit pas être synonyme d'un silence coupable, elle ne doit pas contraindre l'église à se taire face aux injustices et aux menaces des anti valeurs dans la société. Non, la neutralité de l'église n'est pas du laxisme. Tout en étant apolitique, les Assemblées de Dieu de Boma doivent savoir dénoncer les

[37]Jimmy Mungala Feta, ''Le rôle de l'Eglise dans le processus de démocratisation en République Démocratique du Congo (1990-2006) Nécessité et Perspectives'' http://www.memoireonline.com/07/09 /2371/Le-role-de-lEglise-dans-le-processus-de-democratisation-en-Republique-De.html#_Toc220379071

actes de corruptions et d'injustice sociale qui sont pratiqués dans la ville. C'est ainsi qu'elles vont contribuer à l'émergence d'une bonne conscience urbaine.

En plus de l'image du sel de la terre, Jésus-Christ se sert encore d'une deuxième image qui est celle de la lumière du monde. « Vous êtes la lumière du monde : une ville située sur une montagne ne peut être cachée. Aussi n'allume-t-on pas une lampe pour la mettre ensuite sous le boisseau, mais sur le pied de lampe ; et elle luit pour tous ceux qui sont dans la maison » (Mt 5 :14-15). Si le sel agit à l'encontre de la corruption, la lumière, quant à elle, chasse les ténèbres. Le rôle de l'église est semblable à la lumière qui doit luire devant les hommes. L'église est appelée à porter la lumière dans la société. Face aux enjeux électoraux, cette lumière apportée par l'église doit se traduire aussi par le respect de code de bonnes conduites, l'authentification de la révision du fichier électoral et surtout la transparence des résultats. La lumière ne reste pas neutre en face de l'obscurité.

Les difficultés des chrétiens aux enjeux électoraux

Et parmi les difficultés que rencontre les Assemblées de Dieu lors des élections dans la ville de Boma, ce sont les abstentions. Beaucoup de chrétiens préfèrent rester à la maison en lieu et place de se présenter aux bureaux de vote de leurs circonscriptions électorales pour élire les candidats qu'il faut aux postes appropriés. Il nous est révélé qu'aux États-Unis, à l'occasion des dernières élections, environ 40 % de ceux qui se disent chrétiens ont considéré ce droit comme allant de soi et n'ont pas voté. Environ 20 % d'entre eux ne sont pas même inscrits sur les listes électorales.[38] Et avec ces abstentions de la part des chrétiens, ce sont les païens, les homosexuels, les méchants, ... qui auront la voie libre pour diriger.

Les abstentions des chrétiens au vote ne favorisent nullement l'émergence, ni la sauvegarde des valeurs chrétiennes dans la société. Surtout que dans la ville de Boma, beaucoup tentent d'exclure totalement le nom et le message de Christ de la sphère publique. En politique, élire, c'est choisir entre plusieurs personnes celle qui semblera la plus à même, selon des critères qui peuvent varier avec les personnes et les contextes, de conduire les affaires publiques, au niveau urbain. Évidemment, on ne se retrouve pas toujours complètement dans les candidats proposés, et il est parfois difficile de choisir. Mais il ne faut pas oublier combien c'est un droit et un devoir de pouvoir voter. C'est aussi une responsabilité. A contrario, ne pas participer, c'est

---

[38]Got Questions, (consulté le 28 aout, 2017).

se mettre en dehors du jeu, même imparfait, de la vie en société.

Les responsables que nous élisons, ou que nous laissons agir sans les inquiéter, ont une grande influence sur nos libertés. Ils peuvent choisir de protéger notre liberté de culte et d'annoncer l'Évangile ou de la restreindre. Ils peuvent mener notre nation vers la droiture et la justice ou vers la ruine morale. En tant que chrétiens, nous devons nous tenir ferme et jouer pleinement notre rôle pour le développement social et la protection des valeurs chrétiennes au sein de notre société. La politique est une nécessité pour tout celui qui vit dans la cité. Et cette nécessité exige à ce que toute personne remplisse son devoir. C'est ainsi que notre lumière va luire devant les hommes comme nous le recommande notre Seigneur et Sauveur Jésus-Christ (Mt 5 :16).

L'impact des Assemblées de Dieu de la ville

Quand les AD joueront bien leur rôle lors des échéances électorales, la ville sera dirigée par les hommes qui craignent Dieu. La bénédiction des hommes élèvera la ville sur tous les plans. La corruption, le vol, le viol, ... ne règneront plus. Il n'y aura pas de coupure électrique les dimanches matin. Nous assisterons à la justice sociale, la paix dans chaque quartier et la joie dans chaque famille. Et cela va affecter les villes et les territoires voisins, jusqu'à se déverser sur l'ensemble du territoire national.

Recommandations

Aux Fidèles

Les Écritures ordonnent aux chrétiens d'obéir aux autorités légitimes, tant que cela ne va pas à l'encontre des commandements du Seigneur (Ac 5 : 27-29, Rm 13 : 1-7). En tant que chrétiens nés de nouveau, nous devons massivement nous enrôler pour être enregistrer dans le fichier électoral et nous présenter le jour-j aux bureaux de vote pour élire les candidats de notre choix selon l'orientation du Saint-Esprit. C'est une façon pour nous de participer au développement de la ville.

Aux églises des Assemblées de Dieu

Les églises sont invitées à mobiliser ses membres pour l'enrôlement en vue d'une participation massive le jour de vote. Parlons des échéances électorales dans nos églises sans penchants quelconque pour une certaine catégories des candidats. La chaire de l'église n'est pas pour la campagne électorale, mais pour la proclamation de l'évangile. La place de l'église est au milieu du village pour proclamer la vérité et dénoncer les abus sociaux.

Les AD de Boma doivent inviter les candidats à placer les intérêts de la ville entière au premier plan. Elles doivent prier pour les dirigeants politico-administratifs de la ville (1 Tm 2.1-4). Car en matière de politique et de gouvernance, les Saintes Écritures révèlent que Dieu est parfois mécontent de nos choix (Os 8.4). L'emprise du péché est visible partout dans la ville de Boma. Une grande partie de la souffrance est due à des dirigeants et représentants qui choisissent d'ignorer Dieu et ses préceptes (Pr 28.12).

Dans le but d'assurer la paix sociale avant, pendant et après les échéances électorales, les AD doivent savoir organiser une série d'actions mobilisatrices. Cela pour élargir son champ d'action sociale qui ne doit pas se borner seulement aux dénonciations des abus sociaux et fraudes électorales, mais aussi à mettre d'accords les différents candidats et électeurs, et ensuite proposer des pistes de solutions pacifiques et trouver des terrains d'entente pour éviter le boycott des élections par une partie de la population et des acteurs politiques qui se s'érigent souvent en obstacle contre les élections surtout quand les préalables nécessaires semblent ne pas être réunies. En le faisant, l'Eglise doit toujours rester au milieu du village[39].

---

[39]Mungala, Ibid.

Aux Fidèles Politiciens convaincu

Pour ces fidèles-là qui se sentent appelé à la vie politique, nous devons les encourager à percer dans ce monde politique, à postuler et surtout de ne pas trahir la race de enfants de Dieu. Ils sont appelés à suivre l'exemple de Daniel (Dn 1.6).

Candidats aux élections

Nous leur faisons savoir que l'on ne vient pas à l'église pour récolter des voix électorales ou tromper la vigilance des fidèles pour battre sa campagne à l'église. Il est important de se rappeler que l'église n'est pas un fief électoral. Ensuite, il n'est pas normal qu'une fois élu, que les candidats oublient les promesses faites à la société, qu'ils abandonnent la foi chrétienne, qu'ils ne trouvent plus de temps pour Dieu. C'est toujours prudent de savoir qu'un jour, le mandat reçu de peuple arrivera à son terme, et que la vie normale va continuer son parcours normal.

Aux autorités politico-administratives

La liberté de religion est de rigueur dans tous les milieux démocratiques. Ils ne leur appartiennent pas d'imposer quoi que ce soit à l'église. Le rôle que l'église a à jouer dans la société n'émane pas des autorités de la ville, mais de Dieu qui a mandaté ses serviteurs. Ce que fait l'église, c'est pour aider la société, rendre la tâche facile aux gestionnaires de la ville. C'est dans le cadre de l'amour du prochain tel que cela est recommandé dans les Saintes-Ecritures. L'église est le meilleur partenaire social de la mairie de la ville.

Aux Pasteurs

Quand le pasteur garde sa position neutre du haut de la chaire, il saura accomplir sa mission comme il le faut. La chaire de l'église ne doit pas être servir à faire la campagne électorale au bénéfice du candidat qui soutient l'église. Dag Heward-Mills interpelle les pasteurs en ces termes : « même si vous soutenez un certain régime politique, restez dans le vague quant à vos opinions, sans cherche à entre en scène dans l'attirail politique. Endosser l'uniforme d'un parti ferait de vous un activiste et non un prédicateur de l'Evangile. » [40]

Le pasteur ne peut pas être le directeur de la campagne pour le candidat qu'il soutient. Nous devons savoir que dans nos églises, les fidèles viennent forcément de divers partis. Ils ne doivent pas être frustrés suite au positionnement politique quelconque de leurs Bergers. Voici une mise en garde trouvée sur le site de Chrétiens News qui suggère à l'homme de Dieu, qui prône l'unité, de ne pas

---

[40]Heward, 67.

partager son choix de vote afin d'éviter les déchirures au sein du Corps de Christ.[41]

Mot de la fin

En conclusion, les églises doivent savoir qu'elles sont d'une manière ou d'une autre impliquée aux échéances électorales par le simple fait qu'elles sont implantées au sein d'une société donnée. En plus les fidèles chrétiens des églises sont des citoyens vivant au sein de la même société. Dans sa responsabilité de contribuer au bien-être de la société, l'église est appelée à jouer un rôle indispensable tout au long du processus électoral. Et en le faisant, elle doit rester neutre, sans avoir un penchant quelconque en faveur d'un certain candidat, ni d'un parti politique. Rappelons-nous que l'église n'est pas un fief électoral, et le pasteur n'est pas un directeur de campagne au solde d'un candidat.

En outre, de par sa position "l'église au milieu du village", il ressort clairement que l'église n'est pas hors du village, et de ce fait elle est censée participer au développement de ce village au milieu duquel il se trouve. Et ce développement passe non seulement par l'encouragement de bonnes œuvres sociales, mais aussi par la dénonciation des antivaleurs, la condamnation de

---

[41]Chrétiens News, "Les Chrétiens doivent voter, " (consulté le 5 septembre, 2017).

l'injustice et la lutte contre la corruption au tous les niveaux de la société. Voilà pourquoi lors des élections des futurs dirigeants et représentants de la ville, l'église a un rôle majeur à jouer dans la société pour la protection et la promotion des valeurs morales basées sur les principes chrétiens.

Biblographie

Ouvrages

Alou, K.A.M. *Le Chrétien et l'Engagement Politique*, Lomé, Togo : Ed. Haho, 2005.

Baudin, Fréderic, et Farelly, Nicolas. *Christianisme & Politique, Quelle place pour l'Eglise dans le débat politique ?* Paris – France : Editions Empreintes Temps Présent, 2007.

Colson, Charles & Santilli Vaughn, Ellen. *Dieu et la Politique.* Yverdon-les-Bains : Ed. Jeunesse en Mission 2007.

Constantin, Francois & Coulon, Christian. *Religion et Transition démocratique en Afrique*. Paris, France : Ed. Karthala, 1997.

Delteil, Gérard. *Evangélisation et Prosélytisme*. Synode national d'Orthez, 1963. Livre numérique Microsoft Reader.

Heward-Mills, Dag. *L'éthique ministériel.* Accra-Ghana : Editions Parchment House, 2003.

Journet, Charles. Exigences Chrétiennes en Politique, Paris, France : Ed. L.U.F, 1945.

Kayayan, Éric, et Kayayan Aaron R. *Le Chrétien dans la Cité*. Lausanne-Suisse : Editions L'Age d'Homme, 1995.

Redekop, John H. : *Politique soumise à Dieu. Kinshasa,* RD Congo : Ed. Mukanda, 2007.

Revues et Magazines

Magazine Sur Ta Parole, n°27, Kinshasa, RDC

Site Web

Bible Free, "Le Chrétien et la politique." bible.free.fr. http://bible.free.fr/divers/37polit.html (consulté, le 28 aout, 2017).

Chrétiens News, "Les Chrétiens doivent voter." chretien.news. https://chretien.news/les-chretiens-doivent-voter/ (consulté, le 5 septembre, 2017).

Essolomwa, Laurent. "Activités portuaires : Boma se meurt." adiac-congo.com. http://adiac-congo.com/content/activites-portuaires-boma-se-meurt (consulté, le 5 septembre, 2017).

Gelin, Richard. "La-responsabilité-sociale du chrétien et de l'église. " publicroire.com. http://www.publicroire.com/cahiers-ecole-pastorale/le-monde-actuel/article/la- responsabilite-sociale-du-chretien-et-de-l-eglise (consulté, le 20 aout, 2015).

Got Questions. "Chrétien vote." gotquestions.org, https://www.gotquestions.org/Francais/Chretien-vote.html. (consulté, le 28 aout, 2017).

Oujibou, Said. "Les Chrétiens doivent voter." chretien.news. https://chretien.news/said-oujibou/ (consulté, le 28 aout, 2017).

La Cité Africaine. "Des kits électoraux dans la circonscription électorale de Boma." citaf.over-blog.com, http://citaf.over-blog.com/2017/02/des-kits-electoraux-dans-la-circonscription-electorale-de-boma.html (consulté, le 28 aout, 2017).

La Croix. "Présidentielle." la-croix.com, http://www.la-croix.com/Religion/Catholicisme/France/Presidentielle-Les-chretiens-doivent-etre-cote-ceux-favorisent-parole-dialogue 2017-04-21-1200841268. (consulté, le 28 aout, 2017).

Wikipedia, Encyclopédie libre. "Election." wikipedia.org. https://fr.wikipedia.org/wiki/%C3%89election (consulté, le 4 septembre, 2017).

Table des matières

Printed by Books on Demand GmbH, Norderstedt / Germany